✝ TALLEYRAND

ET LA FRONTIÈRE OUVERTE

La paix, tout le monde voulait la paix au lendemain de la capitulation de Paris. Autant et peut-être même plus encore que Talleyrand et les membres du Gouvernement provisoire, qui ne sont guère à côté de lui que des comparses, les Alliés voulaient aller vite en besogne. Ils sentaient le besoin de régler par un instrument formel et définitif une situation qui présentait de trop réels dangers, la nécessité dans leur propre intérêt de ne pas laisser les négociations traîner en longueur. Leur programme est tout entier exposé dans ces quelques lignes que Castlereagh trace presqu'en tête de sa dépêche à Lord Liverpool, de Paris, le 13 avril.

« Les ministres assemblés ici considèrent que le grand objet est de conclure les *préliminaires* de paix avec le moindre délai possible afin d'éviter l'impression défavorable que le séjour prolongé des troupes produira probablement en France. Ils pensent aussi que cela ne peut être fait qu'avec le Roi et par suite ils ont aujourd'hui pressé Monsieur d'insister pour son arrivée immédiate.........En même temps nous nous proposons de signer avec le Gouvernement provisoire une suspension d'hostilités sur terre et sur mer sous certaines modifications, puis de commencer nos délibérations sur la paix ellemême afin qu'elle soit prête à signer à l'arrivée du Roi... (1) »

Vingt-quatre heures à peine après la signature du traité de Fontainebleau, après sa ratification par l'Empereur, le prince de Bénévent aborde avec Castlereagh la question qui leur tient à cœur et que les ministres de la Coalition vont examiner et

---

(1) Castlereagh (Letters and Despatches of lord), IX, 459.

discuter entre eux dans une série de conférences, auxquelles Talleyrand ne sera pas convoqué. On ne perd pas une minute au cours des jours suivants.

Le 14 avril, se tient une première conférence, qui fait très probablement suite à une conférence militaire présidée par Schwarzenberg, dans laquelle on a posé les conditions éventuelles de l'évacuation et arrêté le sens de la réponse qu'il y aura à faire à la demande du Gouvernement provisoire de laisser en France une armée de 70.000 hommes prête à venir au secours du Roi.

Au cours de la troisième conférence, que les ministres tiennent le 17 avril, ils ont déjà suffisamment avancé leur besogne pour proposer à Talleyrand de venir assister à une conférence « pour régler les conditions d'une suspension d'hostilités ou signer les préliminaires de paix ».

Talleyrand, qui se prononce en faveur de la discussion d'un armistice, envoie confidentiellement le 19 à Metternich un projet d'armistice en le priant « de le lire avec attention et de savoir si les clauses et la rédaction en conviendraient à toutes les puissances » (1).

Le même jour, Castlereagh informe de son côté Lord Liverpool de la marche que devront suivre les négociations avec Talleyrand muni des pleins pouvoirs de Monsieur.

« En ce qui concerne la nature de l'arrangement, nous serons tous d'accord pour prendre comme base notre projet de Châtillon; mais, dans le présent état de choses, il y a de justes motifs pour quelques modifications et il y a chez l'empereur de Russie disposition de favoriser un relâchement dans nos demandes... »

Et il redoute si fort cette disposition qu'il ajoute quelques paragraphes plus loin : « En ce qui concerne les futures limites de la France, j'espère que l'Empereur ne sera disposé à imposer aucun abandon de l'ancienne frontière qui prêterait à objection au point de vue militaire... » (2).

Le Cabinet de Saint-James partageait les appréhensions de

---

(1) Dupuis, *Le Ministère de Talleyrand en 1814*, I, 257 et suivantes.
(2) Castlereagh (Letters and Despatches of lord), IX, 471-475.

Castlereagh. La déclaration du 31 mars avait paru encore plus qu'inopportune et étrange, tellement dangereuse à Lord Liverpool que le 9 avril, dans une letre *most secret and confidential*, il écrivait à Castlereagh : « Je ne sais pas ce que veut dire l'empereur de Russie *par faire plus pour la France que respecter l'intégrité de l'ancienne monarchie*, et l'on ne peut s'empêcher de manifester quelque inquiétude pour de telles expressions... » (1).

Nul plus que Talleyrand, qui avait été le collaborateur et le complice d'Alexandre, n'avait qualité pour essayer de faire profiter la France de ces dispositions dont s'inquiétaient si fort le représentant et les ministres de la Grande-Bretagne.

Entre temps, le comte d'Artois avait fait le 12 avril son entrée à Paris. Talleyrand n'avait pas manqué de profiter de sa présence pour dégager en partie sa propre responsabilité en le tenant au courant des négociations qu'il avait engagées avec les Alliés. Pendant que les généraux et les ministres alliés conféraient et se mettaient d'accord sur les conditions qu'ils allaient imposer à la France, les confidents, les collaborateurs habituels de Talleyrand avaient repris auprès de lui leurs fonctions de jadis et c'est ainsi que le 19 avril, le jour même où il envoyait confidentiellement à Metternich un projet d'armistice (2), il était d'autre part en possession d'un intéressant document rédigé par La Besnardière, d'un document dont il ne semble pas avoir fait usage, instrument qu'on a d'autre part, j'ai tout lieu de le croire et pour je ne sais quelle raison, jugé inutile de reproduire jusqu'à ce jour et qui a pour titre : *Note sur les acquisitions et limites de la France.*

« Paris, 19 avril (3).

« Les acquisitions faites depuis vingt ans par la France ne doivent pas être indistinctement attribuées à des vues d'agran-

---

(1) Liverpool à Castlereagh, Fife house, 9 avril 1814.

(2) Vienne. Haus, Hof und Staats archiv. Frankreich Varia 79 **Pariser** Friede 1814, n° 7, F° 782 cf. Dupuis, op. cit. I, 273.

(3) Archives des Affaires étrangères, FRANCE, *Mémoires et Documents*, vol. 1875, F° 220-223.

dissement. La France avait cherché ses limites naturelles avant que son chef étendit ses vues sur partie de l'Europe.

« Son premier but était d'assurer ses frontières. L'abus du succès vint ensuite et une puissance devenue gigantesque dut s'écrouler. Mais verra-t-elle ruiner ses premières conquêtes? Sera-t-elle dépouillée de ce qu'elle n'avait point acquis par ambition et puisque c'est Napoléon, et non la France, qu'on a voulu renverser, remontera-t-on au delà de son règne et nous fera-t-on expier ce qui ne fut pas son ouvrage?

« Ce fut par la réunion de quelques enclaves que commencèrent les acquisitions. Les princes, possessionnés en Alsace, perdirent leurs fiefs (14 septembre 1791). Avignon, la principauté des Dombes, Henrichemont (27 septembre 1791) furent réunis en 1791 et lorsque la guerre eut éclaté l'année suivante, le sort des armes, qui nous conduisit dans les Etats limitrophes, amena d'autres réunions.

« On pensait alors, et peut-être cette opinion ne s'est-elle pas affaiblie depuis, que les véritables limites de la France, les plus propres à la faire respecter au dehors, à éloigner d'elle le théâtre de la guerre, à lui ôter un dangereux contact avec d'autres grandes puissances, devaient être les Pyrénées, les plus hautes Alpes et le Rhin. Toutes nos acquisitions se firent en deçà de ces grandes barrières qu'on voulait atteindre, mais qu'on aurait craint de dépasser. Dans les années 1792 (27 novembre) la Savoie fut réunie à la France et l'année suivante nous acquîmes au Midi (31 janvier 1793) le comté de Nice et la principauté de Monaco qui s'y trouve enclavée (14 février), à l'Orient, la principauté de Montbéliard (23 mai) et l'évêché de Bâle, au Nord (du 1er au 23 mars) les provinces de la Belgique autrichienne ainsi que le pays de Liége (8 mai).

« Ce ne fut pas par la conquête que se firent ces réunions. Elles furent sollicitées par les habitants eux-mêmes, soit qu'ils espérassent de la France plus de repos et d'appui que de la part d'un gouvernement faible ou éloigné qui n'avait pu les défendre, soit qu'enivrés du système alors répandu de la souveraineté du peuple ils crussent pouvoir se dégager eux-mêmes de toute fidélité envers leur souverain. Mais ces réunions, d'abord imparfaites, furent complétées et confirmées par les traités faits ensuite avec les diverses puissances. Traité de paix du 19 mai 1796 : le roi de Sardaigne renonce à tous ses droits sur la Savoie et le comté de Nice; traité de Tolentino du 19 février 1797 : le Pape renonce à ses droits sur Avignon et le Comtat-Venaissin; traité du 7 août 1796 : la cour de Wurtemberg à la principauté de Montbéliard; traité de Campoformio du 17 octobre 1797 : l'Empereur aux Pays-Bas, et traité du 19 août 1796 : la Suisse à tous ses liens avec l'évêché de Bâle. Vers le même temps (traité du 28 janvier 1798), la république de Mulhouse et celle de Genève (traité du 26 avril 1798) concluent des traités de réunion avec la France.

« Une seconde guerre avec l'Autriche et l'empereur d'Allemagne vint bientôt agrandir notre territoire de tous les Etats qui se trouvaient sur la rive gauche du Rhin. Conquis d'abord par nos armes, ils furent ensuite cédés à la France par le traité de Lunéville (traité du 9 février 1801).

« La France était alors puissante et forte. Le système pacifique d'une limite naturelle était atteint. Les autres grandes puissances s'étaient elles-mêmes concentrées. Elles avaient obtenu autour d'elles les compensations des pertes éloignées qu'elles avaient faites et la balance politique de l'Europe était la même.

« Telle était encore la situation quand la paix momentanée avec l'Angleterre fut conclue à Amiens (traité du 27 mars 1802). C'étaient les premiers moments du Consulat. Jusqu'alors les acquisitions avaient été faites dans l'intérêt de la France. Elles n'étaient point le résultat d'une guerre d'invasion, mais des heureuses chances de la défensive. Nous ne pouvions encore porter ombrage à l'Europe. Ses princes restaient indépendants et la France ne cherchait pas encore de vassaux.

« Cet état de prospérité sans ambition ne doit pas être confondu avec les agrandissements sans mesure auxquels Napoléon a aspiré depuis. Quand les Alpes et le Rhin ont été franchis, on n'a plus aperçu devant soi qu'un champ de conquêtes illimité. Le Piémont, les Etats de Parme et la République de Gênes ont été successivement réunis à la France (11 septembre 1802, 9 octobre 1802, 9 juin 1805). La Toscane et les Etats de l'Eglise ont eu le même sort. On s'est accru vers le nord de la Hollande, des Villes Hanséatiques, d'une grande partie de la Basse-Allemagne et l'Empire s'étendait ainsi des rives du Garigliano jusqu'à la Baltique; mais les rapports de langue, de mœurs, de caractères, d'intérêts et tout ce qui constitue la force des Etats manquaient à cette agrégation. Ni Rome, ni Lubeck ne sont la France. Il est désirable que chaque Etat rentre dans les limites qu'il peut garder et puisse compter sur l'affection et sur le concours des volontés de ses sujets.

« Toutes ces gigantesques acquisitions étaient précaires et n'avaient même pas pour elles l'appui du temps; mais le temps a déjà cimenté la réunion des pays situés en deçà des Alpes et du Rhin. Une génération s'est presque écoulée. La même langue est entendue partout. On s'est mêlé de toutes parts par le commerce, par les mariages, par le partage des propriétés. Les princes, qui avaient perdu des provinces, ont été indemnisés par des traités mêmes de cession. Quelques-uns d'entre eux étaient ecclésiastiques, mais rétablirait-on sur la rive gauche du Rhin les électeurs ecclésiastiques de Trèves, de Cologne, de Mayence et l'évêque de Liége, quand toutes les souverainetés semblables en Allemagne ont été sécularisées par la coopération des Puissances alliées elles-mêmes?

« Les limites à donner à la France doivent être celles qui se concilieraient le mieux avec la durée de la paix et qui pourront le mieux prévenir toute discussion territoriale et tout conflit de juridiction. Si la France doit dans l'intérêt même de l'Europe demeurer grande et forte, si les Alliés ont eux-mêmes témoigné que ce plan entrait dans leurs vues, les limites naturelles précédemment indiquées sont préférables à toute autre ligne de démarcation. Des places fortes couvrent moins, des lignes conventionnelles sont des sujets de litige. Un pays facile à envahir est presque toujours le théâtre de la guerre et ce fut le sort de la Belgique et de la rive gauche du Rhin avant leur réunion à la France.

« Tous ces motifs portent à conclure que tous les territoires situés en deçà des Alpes et du Rhin doivent appartenir à la France. »

Quel fut le sort de cette note du 19 avril, si nette, si catégorique, que La Besnardière n'avait certes pas rédigée de sa propre autorité et à l'insu de Talleyrand. Le prince de Bénévent avait-il joint cette note au projet d'armistice qu'il remit *confidentiellement* ce même jour à Metternich. Il est d'autant plus permis d'en douter que le 20 on discute, cette fois en présence de Talleyrand, le projet d'armistice dont il était l'auteur. Il suffit d'ailleurs de se reporter à la dépêche que Castlereagh expédie le jour même à Liverpool pour constater qu'il n'avait même pas été question des limites naturelles. Talleyrand n'avait esquissé un semblant de résistance qu'au sujet de la flotte d'Anvers et de la restitution des fonds de la Banque de Hambourg.

« Je vous enverrai demain ou après-demain, mande Castlereagh à Liverpool au sortir de la conférence (1), un courrier avec notre convention de suspension des hostilités. *Nous avons eu aujourd'hui notre conférence avec Talleyrand. Il consent à l'évacuation de toutes les forteresses et territoires hors des frontières françaises de janvier 1792.* Il y a dans le préambule des expressions qui laissent le champ libre à des négociations sur les futures limites, mais la reddition de Mayence, de Luxembourg, d'Anvers, etc., est suffisamment assurée en substance... »

Castlereagh considérait si bien, et à juste titre, la partie comme définitivement gagnée, que, satisfait d'avoir gain de cause sur la question qui pour lui primait toutes les autres, il conseillait à son gouvernement de ne pas se montrer irréductible et par trop exigeant sur la question de la flotte d'Anvers qu'on était convenu de réserver pour une négociation ultérieure.

Talleyrand s'était en effet avancé si loin qu'on ne voit guère comment, malgré toute son habileté, il eût pu concevoir le moindre espoir de regagner même une faible partie du terrain qu'il avait si facilement et si rapidement abandonné. Il ne manquait en réalité plus que sa signature; on était dès la con-

______

(1) Castlereagh (Letters and Despatches of lord), IX, 482-483; à lord Liverpool, Paris, 20 avril 1814.

férence du 20 si près de s'entendre que les Alliés auraient peut-
être tenté d'en finir sur l'heure même si de part et d'autre on
n'avait vraisemblablement cru plus sage, plus prudent d'attendre que l'Empereur se fût mis en route pour l'île d'Elbe.
Pendant que les plénipotentiaires alliés conféraient avec Talleyrand, Napoléon faisait à Fontainebleau ses adieux à sa garde.
Le 22, il était déjà assez loin de Paris pour qu'on n'eût plus à
craindre de voir l'opinion publique, obligée de renoncer à ces
limites naturelles, à la conservation desquelles la France avait
tout sacrifié depuis plus de vingt ans, déçue dans les espérances
que la déclaration du 31 mars, que la quasi-promesse
d'Alexandre lui avaient jusqu'à un certain point permis de garder, se lever contre l'envahisseur.

Le 22 avril, la France ignorait encore ce qui allait devenir
irrévocable le lendemain du 22 avril. Sans doute, comme nous
le dit M. Charles Dupuis, après une discussion dont il ne reste
pas trace, Talleyrand renvoya à Metternich le projet de rédaction à conclure entre les puissances alliées et la France. « Je
suis prêt, écrit-il, à signer tous les articles, excepté l'article
secret qui contient des choses indéfinies et exciterait de vives
alarmes. Je demande qu'il s'arrête aux mots *conservés intacts*
et que le reste soit supprimé. Je vous dirai à vous, mon prince,
que je ne pourrai pas signer autrement... (1) »

Vingt-quatre heures plus tard, malgré cette menace formelle
de rupture, bien que les Alliés eussent refusé de prendre en
considération cette espèce de mise en demeure, Talleyrand
n'en signait pas moins la déplorable convention du 23 avril. Or,
cette convention, que le prince de Bénévent se plaisait à ap-
peler préliminaire, loin de réserver l'avenir, l'engageait si fort
que, si elle nous laissait arriver au Sud-Est jusqu'au pied des
Alpes, le traité de Paris, qui allait être basé sur cet instrument,
devait nous arracher en revanche les frontières du Rhin, cette
garantie indispensable de notre sécurité.

Qu'avait-il pu se passer au cours de ces quelques journées,

______

(1) Haus Hof und Staats Archiv, Frankreich. Varia Erster Pariser
Friede, 1814. Talleyrand à Metternich. Paris 22 avril 1814, fol. 287,
cf. DUPUIS, *op. cit.* I, 275-276.

surtout pendant les dernières vingt-quatre heures, pour que
Talleyrand ait eu tout à coup si grande hâte d'en finir. Toujours est-il que, soit pour se conformer aux volontés des Alliés
ou pour dégager au moins en partie sa responsabilité, il ne
perdit pas une minute pour présenter la convention au comte
d'Artois, qui, s'il faut en croire Vaulabelle, la ratifia sans la
lire, lui qui, quatre jours auparavant, à en juger par la note
de La Besnardière, semblait cependant envisager la situation
d'une toute autre façon. Est-ce parce que, sachant que le Roi
allait débarquer à Calais le lendemain (1), il voulait gagner ses
bonnes grâces en lui épargnant la douleur d'apposer sa signature sur cet armistice qui, s'il jetait les bases du traité de paix,
s'il assurait l'évacuation progressive et prochaine du territoire,
contenait des conditions si dures et si cruelles que les adver-
saires du régime que les Alliés venaient d'imposer à la France,
n'auraient pas manqué de s'en faire une arme d'autant plus
perfide et redoutable que l'acceptation de cette suspension des
hostilités eût été l'un des premiers actes par lequel Louis XVIII
eût marqué son retour sur le sol français. N'est-on pas d'autre
part en droit de s'étonner de voir le prince de Bénévent, alors
qu'il proteste presque jusqu'au dernier moment contre la restitution des fonds appartenant à la Banque de Hambourg, né-
gliger, tant dans le projet qu'il remet à Metternich qu'au cours
de la conférence du 20 avril, de faire usage de la note de La
Besnardière, s'abstenir de défendre nos droits à nos frontières
naturelles. S'illusionne-t-il réellement sur les intentions, sur
l'état d'esprit des Alliés, ainsi que pourrait le faire croire la ré
ponse qu'il fait le 25 avril aux objections de Malouet contre l'ar
ticle 4 de la convention, relatif aux arsenaux et aux vaisseaux
de guerre qui se trouvaient dans les ports cédés, à ces objections « qu'il ne peut ni résoudre ni approuver ». « Quant aux
dispositions ultérieures des Puissances alliées, j'ai l'opinion
personnelle qu'elles nous sont favorables. Quant à l'indécision
de la question, elle tient à la nature d'un armistice qui n'est
qu'une mesure provisoire et ne prédétermine rien de ce qui

----

(1) Louis XVIII débarqua le 24 avril à Calais et le 29 il couchait au
château de Compiègne.

Talleyrand

doit être déterminé par les traités de paix (1). » On comprendra, ou plutôt on s'expliquera, pourquoi, puisqu'il était encore dans cet état d'esprit, vrai ou simulé, deux jours après la signature de la convention, il s'est abstenu de réclamer l'insertion au protocole de la séance de la protestation qu'en sa qualité de président du Gouvernement provisoire il aurait dû faire contre la rentrée de la France dans ses anciennes limites. Ne peut-on pas se demander encore si le prince de Bénévent, guidé et par son intérêt personnel et par l'intérêt général, en prévision du rôle capital qu'il allait être appelé à jouer dans les négociations ultérieures, n'a pas cru utile et politique de se créer, par sa condescendance, des droits dont il ne manqua du reste pas de se servir avec son incontestable habileté tant à Paris qu'à Vienne, à la reconnaissance des souverains et de leurs ministres. Il eût été, on ne saurait le contester, impolitique, peut-être même dangereux, d'engager sur la question des limites naturelles une discussion dont l'issue défavorable était certaine, mais pourquoi d'autre part, alors qu'il s'efforçait de justifier la précipitation, avec laquelle il avait signé cette suspension d'hostilités, par l'intérêt majeur qu'il y avait à abréger la durée de l'occupation étrangère, pourquoi Talleyrand éprouva-t-il *in extremis*, le 23 avril même, le besoin de reprendre une question qu'il avait déjà formulée dès le 13, de proposer, de solliciter un article secret par lequel « les Alliés s'engageraient à laisser un corps de 70.000 hommes à l'intérieur ou à proximité de la France pour un délai limité après le 1er juin, si cela devait sembler nécessaire au nouveau gouvernement pour donner appui à son autorité » (2).

Comme ne peut s'empêcher de le constater le plus récent, le plus consciencieux des historiens de Talleyrand, M. Charles Dupuis, dont l'impartialité s'allie cependant à une certaine indulgence dans les jugements qu'il porte sur les actes du prince de Bénévent : « La convention du 23 avril fit une im-

---

(1) FRANCE, *Mémoires et Documents*, vol. 674, fol. 50, Paris, 25 avril 1814.

(2) Castlereagh à Liverpool Paris, 23 avril 1814, cité par M. DUPUIS.

pression pénible sur l'opinion française... Pour beaucoup la déception fut rude... »

Talleyrand sentit si bien qu'on ne manquerait pas de lui reprocher un jour de n'avoir pas mieux défendu la cause et les intérêts de la France, qu'on lui demanderait compte des dures conditions qui lui avaient été imposées par les vainqueurs, des concessions auxquelles il eût été nécessaire en tout état de cause de consentir, mais auxquelles il se résigna trop facilement et surtout trop rapidement, qu'il éprouva le besoin de défendre, de justifier sa conduite dans ses Mémoires.

« Le Roi, dit-il (tome II, pages 173-174), m'avait nommé ministre des Affaires étrangères (1) et je devais en cette qualité m'occuper des traités de paix. C'est ici le lieu de parler de cette œuvre difficile au sujet de laquelle j'ai été tant attaqué et qu'il me sera aisé de défendre.

« Dès le 23 avril, et avant l'arrivée du Roi, j'avais dû négocier et signer une convention préliminaire avec les plénipotentiaires alliés.

« Il faut pour juger impartialement les transactions faites à cette époque se bien représenter ce qu'était la France et à quel état les fautes de Napoléon l'avaient réduite...

« C'est sous l'empire de telles circonstances que le plénipotentiaire français devait négocier avec ceux des Puissances coalisées et dans la capitale même de la France. J'ai bien le droit, je pense, de rappeler maintenant *avec orgueil* les conditions obtenues par moi, quelque douloureuses et humiliantes qu'elles aient été. »

Talleyrand a-t-il réellement le droit de « rappeler *avec orgueil* » un acte par lequel l'homme, qui avait à ce moment la direction suprême du gouvernement, avait presque sans lutte

---

(1) Talleyrand commet là une erreur qui ne saurait être involontaire. Le 23 avril, il était encore à la tête du Gouvernement provisoire et ce fut seulement le 13 mai que le Roi lui confia le portefeuille des Affaires étrangères. Jusqu'à cette date c'est le comte de Laforest qui gère le ministère avec le titre de commissaire provisoire au Département des Relations extérieures. C'est Laforest que le prince de Bénévent, au moment où il va traiter avec les alliés, charge de demander au Roi l'extension des pouvoirs dont il a besoin. FRANCE, *Mémoires et Documents*, vol. 673, 8 mai, fol. 44, et vol. 674, 8 mai, fol. 209, et 9 mai, fol. 210-211.

courbé la tête devant les volontés du vainqueur. Les arguments, qu'il essaye de faire valoir pour sa défense, pour sa glorification, sont loin d'être concluants, d'être dignes du grand homme d'Etat qui les produit.

C'était en effet bien plus qu'une *convention préliminaire* qu'il avait conclue le 23 avril, comme le fait remarquer Sorel, qui n'est certes pas porté à juger avec trop de sévérité les actes et la conduite de Talleyrand. « Les bases de la paix avec la France étaient posées; et il ne restait, semblait-il, qu'à en rédiger les articles (1). »

Le prince de Bénévent s'en aperçut bientôt, dès l'ouverture des négociations pour cette paix que les souverains alliés avaient hâte de signer avant de quitter Paris. Plusieurs années plus tard, lorsqu'il traçait ces lignes dans ses Mémoires, il avait encore sur le cœur la scène qui s'était déroulée dans la deuxième quinzaine du mois de mai 1814 au Conseil du Roi. Il n'a pas oublié qu'en présence des dispositions manifestées par les Alliés au cours de ces négociations, devant le ton des réponses qu'ils firent aux contre-projets que leur avaient présenté d'Osmond et Laforest, à la suite de l'insuccès des démarches qu'il tenta en personne auprès de Castlereagh, de Nesselrode et de Metternich, il avait fallu se résigner à en référer au Conseil du Roi pour lui faire connaître la situation. « Déjà depuis quelque temps, lit-on dans Thiers (2), un déchaînement universel, et, il faut le reconnaître, injuste, s'était produit contre la convention du 23 avril, et, ce qui est plus étrange, c'est que ces sentiments avaient envahi le Conseil. » Rendant compte de ce qui s'y passa, de la sortie violente du duc de Berry, de l'approbation que le Roi sembla lui donner, de l'embarras que le comte d'Artois éprouva à justifier sa conduite, Thiers ajoute : « Il reste établi qu'on avait tout perdu en *signant trop tôt et sans compensation la convention du 23 avril (3).*

---

(1) Sorel, *L'Europe et la Révolution Française*, XIII, 346.

(2) Thiers, *Consulat et Empire*, XVIII, 145.

(3) Talleyrand eut-il des regrets, des remords d'avoir conclu si vite la convention du 23 avril ? Toujours est-il que l'un des plus illustres défenseurs de cet instrument, Albert Sorel lui-même, change quelque peu de ton lorsqu'il vient à parler des négociations qui aboutirent à la signature

M. de Talleyrand, qui en était l'auteur, ne répondit aux attaques, dont il était l'objet, que par un silence froid et dédaigneux. » Ce silence, on le voit, il crut utile et opportun de s'en départir lors de la confection de ses Mémoires.

Je ne sais si le chancelier Pasquier connut l'existence de la note du 19 avril. J'en doute fort. En tout cas, moins indulgent qu'Albert Sorel qui n'hésite pas à dire, lorsqu'il parle de la convention du 23 avril : « Cet acte était nécessaire, il n'en faut considérer que les avantages et ils étaient grands », c'est au contraire avec une certaine sévérité que ce témoin oculaire, derrière l'autorité duquel je suis heureux de pouvoir abriter ma modeste contribution, apprécie cette convention et qu'il attribue la recrudescence de l'hostilité du peuple contre les

---

du Traité de Paris, de l'ajournement, du renvoi du règlement définitif du statut de l'Europe au Congrès de Vienne. « Il s'agissait, dira-t-il en exposant le caractère spécial des négociations qui allaient s'engager à Paris, d'élaborer les articles qui touchaient directement la France, c'està-dire les conditions de la paix particulière entre elle et les alliés, stipulant en leur nom et au nom de l'Europe. Ils avaient promis à la France « une étendue de territoire que n'avait jamais connu la France sous ses rois. » (Déclaration de Francfort du 1er décembre 1813.)

Ils avaient consenti « à discuter dans un esprit de conciliation sur des objets de possession d'une mutuelle convenance qui dépasseraient les limites de la France avant la Révolution ». (Déclaration de Vitry du 25 mars 1814.) Restait à traduire en réalités de frontières ces promesses réitérées verbalement par Alexandre. Talleyrand en prit acte au nom du Roi; il renouvela les arguments de Caulaincourt à Châtillon. Le même La Besnardière et le même Rayneval, qui alors rédigeaient les notes, avaient repris leurs places aux Affaires étrangères. Ils dissertèrent sur les partages de la Pologne et les sécularisations d'Allemagne, mais Talleyrand dut reconnaître que la discussion demeurerait académique. Les Alliés l'appointèrent à un demi-million de sujets de plus qu'en 1790 et n'acceptèrent la discussion que sur les territoires où les prendre. » (Sorel, VIII, 347.)

Il importe de noter que dès le 25 avril Talleyrand avait demandé à La Besnardière de répondre aux questions qu'il lui avait posées, l'une au sujet des acquisitions, réunions et incorporations de territoires faites par la France depuis le commencement de 1792, et des intentions, de l'état d'esprit des Alliés, l'autre relative aux délais de remises des places fortes et au contre-projet proposé par le Plénipotentiaire de France par un projet de paix définitif. Il semble donc que Talleyrand caressait encore le vain espoir de voir les Alliés lui accorder des conditions moins dures. Cf. FRANCE, *Mémoires et Documents*, vol. 673, fol. 33-35. *La Besnardière à Talleyrand*, Paris, 25 avril 1814. Ce sont les notes de La Besnardière que l'on trouvera à la fin de cet article.

troupes étrangères à la connaissance qu'il avait bien fallu lui donner des dures conditions qu'on venait d'accepter. « Il est facile de comprendre, écrit-il dans ses *Mémoires* (tome II, 381), après avoir résumé ces conditions, tout ce que la lecture d'une pareille convention dut inciter de mécontentement dans l'esprit de ceux qui n'étaient que trop portés à en concevoir. Voilà donc, disaient-ils, ce qu'on a gagné à rappeler la maison de Bourbon! Avec elle, les sacrifices, que redoutait la France, ont été décidés un peu plus vite... Et pourquoi tant se presser? Que gagnait-on par cette convention? La cessation des hostilités? Elles allaient cesser de fait dans l'intérêt des uns comme des autres. La fin des réquisitions militaires? Ne fallait-il pas, de toutes manières, nourrir les troupes étrangères? On s'était donc lié les mains à plaisir..., on s'était ôté tout moyen d'obtenir un traité définitif raisonnable. Il fallait qu'on eût quelques motifs secrets pour se tant hâter, puisqu'on n'avait même pas jugé à propos d'attendre l'arrivée du Roi qui ne pouvait être éloignée...

« Ces reproches s'adressaient à la fois à Monsieur et à M. de Talleyrand, surtout à ce dernier; on jugeait que la responsabilité devait peser sur lui, qu'il était seul en position de conduire les négociations avec l'étranger. Il faut pour être juste reconnaître que sa situation était difficile et qu'elle devenait de jour en jour plus délicate. Il se trouvait seul pour repousser les prétentions des Cabinets étrangers. Sur ce point Monsieur ne lui donna aucun appui... M. de Talleyrand pouvait-il obtenir des conditions moins mauvaises, accablé qu'il était de soucis et d'affaires? Entrevoyant et ressentant déjà les embarras qui lui viendraient du parti royaliste, il était pressé d'en finir... A mon sens il s'est décidé trop tôt... Je crois qu'il eût dû, au moins dans son propre intérêt, se refuser à accepter des conditions si dures avant l'arrivée du Roi; sa responsabilité eût été moins engagée. Il est, au reste, difficile de juger avec une complète équité la conduite des hommes qui se trouvent aux prises avec de tels événements. M. de Talleyrand a vu dans la convention du 23 avril l'avantage de donner à la France la certitude que son territoire serait bientôt évacué; il savait à quel point l'étranger lui pesait, il avait hâte de lui procurer le soulagement auquel elle aspirait le plus. »

Il est, comme l'a si justement dit Pasquier, si difficile de juger avec une complète équité les hommes qui se trouvent aux prises avec de tels événements que l'on comprendra pourquoi j'ai tenu à rappeler l'attention sur le jugement à la fois si impartial et si fortement motivé que le futur chancelier porte avec tant de sévérité sur ces événements, dont il peut, mieux que personne, apprécier la gravité, puisqu'il les a vus se dérouler devant lui. J'attache d'ailleurs un si grand prix à bien établir qu'en versant au procès cette note du 19 avril je n'ai eu d'autre but que de contribuer dans la faible limite de mes moyens, sans l'ombre de parti pris et d'idée préconçue, à la recherche de la vérité historique que je crois devoir, avant de déposer la plume, emprunter à d'Angeberg le paragraphe par lequel se termine le chapitre IV de l'*Introduction historique du Congrès de Vienne*, à la correspondance de Talleyrand quelques lignes de son rapport au Roi et enfin aux *Mémoires et Documents* des archives des Affaires étrangères les notes de La Besnardière, du 25 avril 1814, auxquelles j'ai fait allusion plus haut et que je crois inédites.

« Le traité de Paris du 30 mai 1814, lit-on page XXXIV (ce traité auquel, je ne saurai trop le rappeler avec Sorel, la convention du 23 avril servit de base) n'était pas une humiliation, car il laissait à la France les frontières de 1792 agrandies de plus d'un million d'âmes, pour parler la langue diplomatique. Il semblait si simple et si parfaitement logique que l'ancienne dynastie fût restaurée avec l'ancien territoire! Seulement on n'avait pas assez remarqué qu'en l'état de l'agrandissement de toutes les puissances, l'Angleterre, la Russie, l'Autriche et la Prusse, la France reconstituée seulement avec les conquêtes de Louis XIV et de Louis XV restait relativement plus faible. Ce qu'on avait appelé à Francfort les frontières naturelles n'était pas une exagération de puissance menaçante pour le repos de l'Europe, mais bien plutôt une juste compensation et le rétablissement d'un équilibre nécessaire à la paix et au repos du monde. »

Peut-être, surtout après avoir pris connaissance de la note du

19 avril, reprochera-t-on aujourd'hui au moins autant qu'en 1814, à Talleyrand de n'avoir pas lutté avec plus d'énergie et de ténacité pour faire attribuer, ou plutôt pour faire conserver et reconnaître à la France ces frontières qui font et feront encore couler tant d'encre et ont fait couler tant de sang, ce Rhin, selon un mot prononcé jadis par les Etats-Unis, « frontière de la liberté et de la civilisation ».

« Quand je pense à la date de ces traités de 1814 (1), s'écrie Talleyrand (*Mémoires*, II, 4o3), aux difficultés de tout genre que j'ai éprouvées, à l'esprit de vengeance que je rencontrais dans quelques-uns des négociateurs avec qui je traitais, j'attends avec confiance le jugement que la postérité en portera. »

Le jugement, que la postérité portera sur ce moment si critique de sa vie politique, risque fort de n'être pas celui qu'attendait, qu'espérait Talleyrand. Mais, au cours de sa longue carrière, il a rendu tant et de si incontestables services à la France que, pour grave et déplorable qu'ait été la défaillance momentanée, que nous n'avons pu nous dispenser de relever, elle ne jettera toutefois qu'une ombre bien légère sur l'éclat et la gloire qu'il s'est légitimement acquise, sur la trace lumineuse que laissera dans l'histoire le nom de ce grand et énigmatique homme d'Etat.

Il importe, enfin, de faire remarquer, de bien établir, que Talleyrand ne fait d'ailleurs que reprendre dans ses Mémoires les considérations qu'il avait exposées au Roi dans le rapport qu'il rédigea en juin 1815 au cours de son voyage de Gand à Paris.

« Il fallait à tout prix, écrit-il, faire cesser les hostilités par un armistice; il eut lieu le 22 avril (2). »

« Cet armistice était non seulement nécessaire; il fut un acte de politique... Cet armistice, d'ailleurs, n'ôtait rien à la France

---

(1) Stein, toujours haineux et atrabilaire, était bien moins impartial que Pasquier et bien plus dur que d'Angeberg ' « Le traité de paix, écrit-il, fut la conséquence nécessaire de la convention du 23 avril, la France ayant été dessaisie par l'inadvertance honteuse de son ministère des gages d'une paix moins favorable ».

(2) Talleyrand commet là une erreur de vingt-quatre heures qui s'explique par les conditions mêmes dans lesquelles il rédigea ce rapport.

qui pût être pour elle un secours présent ou même éloigné; il ne lui ôtait rien qu'elle pût avoir la plus légère espérance de conserver... » Et, un peu plus loin, il ajoute :

« Votre Majesté me permettra de lui rappeler avec quelque plaisir que, dans toutes les occasions, j'ai soutenu, j'ai essayé même, de persuader aux principaux officiers de ses armées qu'il était dans l'intérêt de la France, qu'il était aujourd'hui de leur gloire de renoncer volontairement à l'idée de recouvrer la Belgique et la rive gauche du Rhin... (1) »

Les événements de 1815 ont, on le voit, redonné à Talleyrand, lorsqu'il rédige son rapport au Roi une assurance qu'il était loin d'avoir au lendemain de la signature de l'armistice et qu'il semble avoir reperdue lorsqu'il écrit ses Mémoires.

Il sent si bien la gravité de la résolution qu'il lui a fallu prendre à Paris en avril 1814, le poids de la responsabilité qu'il n'a pu se dispenser d'assumer, qu'afin de pouvoir parer à toute éventualité il charge, quarante-huit heures après la signature de la convention, son fidèle La Besnardière de lui fournir des arguments basés sur des faits qui lui permettront de répondre aux critiques, aux attaques qu'il prévoit, peut-être même d'essayer d'arracher quelques concessions aux Alliés. Afin de compléter, autant qu'il dépend de moi, cette espèce d'enquête que

----

(1) Il ne sera pas inutile de rapprocher de ce passage du rapport de juin 1815 les phrases par lesquelles commençait la dépêche que Talleyrand avait adressée au Roi de Vienne le 25 novembre 1814 :

« Sire,

« Aussitôt que nous eûmes proféré le mot de *principes* et demandé la réunion immédiate du Congrès, on se hâta de répandre de tous côtés le bruit que la France ne cessait point de regretter la rive gauche du Rhin et la Belgique; que le Gouvernement de Votre Majesté pouvait bien partager le vœu de la nation et de l'armée, ou que, s'il ne le partageait pas il ne serait point assez fort pour y résister; que dans les deux suppositions le péril était le même; qu'on ne pouvait trop se prémunir contre la France; qu'il fallait lui opposer des barrières qu'elle ne pût point franchir, coordonner à cette fin les arrangements de l'Europe et se tenir sérieusement en garde contre ses négociateurs qui ne manqueraient pas de tout faire pour l'empêcher. (PALLAIN, *Correspondance inédite de Talleyrand avec le Roi*, p. 137.)

« Nul doute à avoir en effet, écrit de Paris le 29 octobre Jaucourt à Talleyrand (*Correspondance*, p. 57), que pour reprendre la Belgique et se reporter sur le Rhin tous les soldats, et même les recrues ne courussent. »

je m'efforce de rendre aussi impartiale que possible, je termi-
nerai en reproduisant ici la lettre et les notes que La Besnardière lui adresse le 25 avril 1814 (1) :

« J'ai l'honneur d'adresser à Votre Altesse deux notes en réponse aux questions qu'elle m'a fait poser par M. Mor-
nard (2); je les lui aurais portées sans la crainte de ne pas la
trouver.

« Je la prie d'agréer l'hommage de mon respect.

« LA BESNARDIÈRE. »

Annexe à la lettre du 25 avril 1814

« Les plénipotentiaires des Alliés au Congrès de Châtillon
demandèrent par leur note du 7 février et par leur projet de
préliminaires du 17, à ce que la France renonçât à la totalité
des acquisitions, réunions et incorporations de territoires par
elle faites depuis le commencement de la guerre de 1792.

« Mais par leur déclaration du 28 ils annoncèrent « qu'ils
« seraient prêts à s'entendre dans un esprit de conciliation sur
« toutes les modifications que le plénipotentiaire de France se-
« rait chargé de proposer et qui ne s'écarteraient pas essentiel-
« lement de l'esprit de leur projet. » C'était annoncer que leur
projet n'était pas un ultimatum et qu'ils se relâcheraient en
quelque chose de la rigueur de leurs demandes; mais toutes
les tentatives du plénipotentiaire de France, soit dans les conférences, soit hors de ces conférences, pour parvenir à connaître de quoi ils consentiraient à se contenter, furent inutiles.

« Il croyait que s'il avait autorisé à céder les deux tiers de la
Belgique et des nouveaux départements sur le Rhin, on aurait
pu obtenir de conserver le surplus avec la Savoie.

« Mais cette opinion n'avait d'autre fondement qu'une discussion vague, qu'aucune explication, confidence ou insinua-
tion n'avait fait naître.

----

(1) *Mémoires et Documents*, vol. 673, fol. 32-35.
(2) Chef de section de la Chancellerie au ministère des Affaires étrangères.

« Une lettre de M. de Metternich, reçue la veille ou le jour
même de la rupture des négociations, disait que la Belgique
était en armes, que les départements du Rhin allaient être ar-
més, que *jusque-là la Savoie avait été tenue comme en réserve
pour être disponible à tout moment* et que, si l'empereur Napoléon ne se décidait pas très promptement et si les négociations
n'étaient pas reprises de suite, *la Savoie aussi allait être sou-
levée*, d'où l'on pouvait inférer que l'intention des Alliés était
de reprendre la Belgique et les départements du Rhin, *mais de
laisser la Savoie à la France.* »

Annexe 2 à la lettre du 25 avril 1814

« Par leur projet de préliminaires les Alliés avaient demandé
que toutes les places sur les limites frontières de la France fus-
sent remises, savoir :

« Mayence dans les six jours, les autres places en deçà du
Rhin, ou sur le Rhin ou en Hollande, dans les dix jours, et
toutes les autres en Allemagne et au delà des Alpes, dans les
quinze jours de l'échange des ratifications.

« Le plénipotentiaire de France, par son projet de traité définitif, avait proposé de remettre :

« Custrin, Glogau, Palmanova, Venise et les places d'Espagne
aussitôt après l'échange des ratifications,

« Hambourg, Magdebourg, les citadelles d'Erfurt et de
Würzbourg, lorsque la moitié du territoire français serait éva-
cuée,

« et toutes les autres places lors de l'évacuation totale de ce
territoire, c'est-à-dire dans un délai de quarante jours.

« Mais ni la demande des Alliés, ni la proposition de la France
n'avaient été mises en discussion. »

Commandant WEIL.

Extrait de la *Revue Militaire Générale*,
livraison de juillet 1923.

IMPRIMERIE BERGER-LEVRAULT, NANCY-PARIS-STRASBOURG